Créer votre site WordPress Maintenant !

Note de l'éditeur

MENTIONS LÉGALES

L'éditeur et l'auteur se réservent le droit d'apporter en tout temps des modifications sans préavis.

Table of Contents

Introduction

De plus en plus de personnes désirent avoir leurs propres pages Web, leur blog pour raconter leur voyage, pour partager leurs passions, leur coup de cœur, leurs aventures. Et peu importe leurs raisons, le nombre de pages personnelles a explosé ces dernières années, et va continuer pendant les prochaines années.

Vous aussi vous désirez votre blog, rien de plus facile avec WordPress cela ne vous prendra pas plus que quelques heures pour que votre blog se retrouve en ligne.

Si vous furetez un peu sur le Web, vous allez trouver bons nombres de formation WordPress pour quelques dizaines d'euros ou pour d'autres plusieurs centaines d'euros, qui vont faire de vous des EXPERTS du web. Voulez-vous vraiment devenir expert du Web et vous avez de l'argent en TROP.

Ou alors vous souhaitez-vous simplement créer votre BLOG et pourquoi pas éventuellement faire de l'argent avec.

Désormais tout le monde peut créer son site, son blog sans avoir besoin de connaitre l'informatique et son langage HTML réservé à des initiés, alors pourquoi pas VOUS en utilisant WordPress.

WordPress

D'abord, commençons par le début, qu'est-ce que WordPress ?

WordPress permet de créer des sites Web, de Blog avec une très simplicité. Il est reconnu pour être un système de gestion de contenu gratuit très puissant, utilisée par des millions de personnes sur la planète entière. Son ergonomie et prise en main rapide, ont rendu la publication de contenu en ligne très facile, notamment pour les personnes n'ayant pas d'aptitude particulière ou novice dans le monde de l'internet et de la publication en ligne.

Dis de cette façon, cela semble très complique et pourtant, c'est très simple à mettre à œuvre, c'est ce que nous allons voir par la suite.

WordPress est avant tout un outil facile à utiliser et ce qui en a fait son succès. Comme il ne demande pas de compétences spéciales pour débuter, c'est vraiment le système de gestion de contenu idéal pour se lancer dans la publication d'un blog ou la création d'un site Web. Il ne vous faudra que quelques heures pour en apprendre les bases et vous pourrez alors publier votre site dans la même journée.

Pour bâtir votre blog ou votre site personnel, WordPress met à votre disposition, une grande variété de thèmes, dont un grand nombre est gratuit, donc idéal pour ceux qui veulent commencer. Si vous désirez aller plus avec WordPress, il existe bien de nombreux thèmes et plugin que vous pourrez utiliser dépendamment de votre choix de programme WordPress.

La mise en œuvre de WordPress et très simple, ce qui permet à un simple débutant de mettre en place et de publier en ligne rapidement du contenu sur internet, sans avoir besoin d'avoir des aptitudes particulières ou d'être obligé de suivre de fastidieuse formation et souvent couteuse.

Lorsque vous vous sentirez prêt à publier en ligne un contenu avec WordPress, il vous faudra garder à l'esprit que ces possibilités sont pratiquement sans limites. Vous ne devriez donc pas hésiter à laisser courir votre imagination. En fait vos rêves aussi ne devaient jamais avoir de limites, alors que vous êtes prêts pour bâtir le site dont vous rêviez et qui fera votre fierté auprès de nos amis, de nos collègues de travail et de notre famille.

Vous avez un problème, quelque chose que vous ne comprenez pas ou n'arrivez pas à faire tout simplement, surtout pas de panique, il existe plein de ressources sur le net pour vous dépanner, vous aider dans vos premiers pas ou simplement trouver de nouvelles façons de faire. Ils existent de nombreuses vidéos, articles et guides qui seront là pour vous aider.

Une fois que vous aurez commencé à utiliser WordPress, vous aurez alors accès à une gamme étendue de plug-ins WordPress. C'est ce qui vous permettra d'ajouter rapidement des fonctionnalités de plus en plus complexes à votre site, mais surtout en gardant toujours la simplicité de mise en œuvre par un simple clic.

WordPress met à votre disposition une grande quantité de thèmes sans aucuns frais, mais aussi pour ceux qui le désirent la possibilité d'acheter une multitude de thèmes premium afin de donner à votre site une allure fantastique qui vous ressemble.

L'un des avantages de WordPress, c'est l'on peut s'amuser à changer l'apparence visuelle du site, sans pour autant en perdre le contenu, et ce aussi souvent que vous le désirez, cela fait vraiment une grosse différence.

Il est très facile de trouver des thèmes et des plug-ins sécuritaires, en effet il vous suffit de naviguer dans le répertoire, un système de notation, ainsi que des commentaires vous permettent de choisir ceux qui correspondent le mieux à vos besoins.

Si vous avez du mal à faire votre choix, ce qui est très souvent le cas devant la grande diversité de choix qui vous est proposé. Le mieux est de faire une rapide recherche sur internet et vous trouverez plein de conseils judicieux qui vous aideront à bâtir votre site ou votre blog et à le maintenir attrayant pour vos visiteurs.

Il ne faut surtout pas hésiter à fouiller sur le net pour voir ce que les autres utilisateurs de WordPress on fait. C'est toujours une source d'inspiration enrichissante et cela vous donnera surement de très bonnes idées que vous pourrez aisément utiliser de votre côté pour bâtir votre site idéal.

Mise en route

Avant que WordPress n'apparaisse, créer une page Web demandait énormément d'effort et de temps, car il fallait tout coder soi-même, et ce n'était malheureusement pas à la portée de tout le monde. C'était alors un long et fastidieux processus qui nécessitait souvent d'avoir des connaissances particulières en informatique parfois très poussée.

Désormais avec l'arrivée de WordPress, la création d'une page Web ou d'un blog est rendue accessible au plus grand nombre et sa création initiale peut être faite en seulement quelques heures de travail.

Pour démarrer la création de votre site ou de votre blog avec WordPress, il vous faudra d'abord trouver un nom de domaine.

Donner un nom a son site, c'est une chose très importante à laquelle vous devriez réfléchir sérieusement, car il doit vous représenter, ce que vous êtes, mais aussi ce que vous voulez promouvoir, des idées, un blog, une passion, un produit, tout ce dont vous désirez en faire la promotion.

Ce nom doit être aussi simple et facile à retenir, mais il doit aussi faire référence a l'objet même de votre site. Le nom de votre site ne devrait pas dépasser 15 à 18 caractères, sinon vos visiteurs pourraient être découragés par la longueur et il doit aussi simple à retenir.

En premier lieu, vous devez vérifier que le nom que vous souhaitez choisir soit disponible. À cet effet, il existe plusieurs sites sur lesquels vous pouvez en faire la vérification par exemple « **fr.godaddy.com** » ou « **www.namecheckr.com** ».

Pour l'extension du nom de domaine, faites dans la simplicité « .com, .net, .org » ou par rapport à votre lieu « .ca,.fr,.uk » la liste est longue. Cette première étape est très importante, il ne faut surtout pas la sous-estimer.

Maintenant, quel hébergeur devriez-vous choisir ?

Comme il s'agit pour vous de démarrer avec WordPress bien le plus simple, c'est d'utiliser le site de WordPress, qui a l'avantage de présenter plusieurs plans, dont un gratuit qui va vous permettre de faire vos premiers pas, sans avoir besoin de faire un investissement initial, si ce n'est votre temps.

Aller sur site de WordPress « **WordPress.com** » et il suffit de cliquer sur commencer.

- Entrer une adresse de courriel valide, vous recevrez un email de confirmation que vous devrez valider et confirmer.
- Choisissez-vous un nom d'utilisateur, qui pourrait être par exemple votre nom de domaine
- Enfin entrer un mot de passe
- Le nom de votre site
- La raison principale de votre site (par exemple : l'écriture, la plomberie)
- Le but principal de votre, est-ce pour partager une passion, aider les autres, pour votre Business…
- Votre niveau d'expertise dans la création de sites.
- Entrer l'adresse de votre site, cela peut être le nom de domaine que vous avez acheté, a cette étape-ci le plus simple est de ne rentrer que le nom sans l'extension ce qui par exemple vous donner « écriture.wordpress.com ». WordPress propose plusieurs plans que vous pouvez choisir en fonction de vos besoins. Vous aurez la possibilité d'associer votre nom de domaine plus tard avec le plan que vous aurez choisi, après que vous soyez parfaitement familier avec WordPress.
- La dernière étape est de choisir votre plan, pour commencer vous êtes libre de choisir qui correspondra la mieux à la finalité de vos besoins et c'est fait votre site est créé.

Si vous possédez plusieurs noms de domaines, ne vous inquiétez pas, il vous sera possible de les associer.

Vous êtes sur le tableau de bord de votre site, avant de la personnaliser, il faut finir la configuration.

Commençons par votre profil.

- Vous pouvez choisir une photo de vous qui sera visible par le public.
- Votre nom et prénom sont facultatifs et vous pouvez choisir de les renseigner ou pas, c'est libre à vous.
- Nom affiché publiquement, par défaut le nom de votre site
- À propos de vous, une brève description de vous ou de votre site, c'est un texte libre et facultatif.

Réglage de compte

- Nom d'utilisateur

- Adresse courriel, celle que vous avez choisi au début, mais vous pouvez la changer
- Site principal, celui que vous venez de créer, vous pourrez par la suite en créer d'autres que vous verrez dans ce tableau de bord.
- Adresse web, c'est le lien pour accéder à votre site à partir du browser internet.

Maintenant, il suffit de vous reconnecter sur votre tableau de bord « **adresse web/admin** » et vous prêts maintenant à configurer votre site.

Si vous ne souhaitez pas utiliser WordPress pour installer votre site, vous pouvez installer WordPress sur votre PC et trouver un autre hébergeur. Cette façon de procéder vous demandera un peu plus de connaissance en informatique et ce n'est pas forcément la meilleure façon de procéder pour un novice.

Configuration

La première chose que vous aurez à faire sera de choisir un thème et de l'activer à partir de votre tableau de bord WordPress. Vous avez aussi le choix d'installer un thème que vous avez déjà sur votre ordinateur ou bien l'installer à partir de WordPress admin.

Une fois connectée à votre tableau de bord, sous « **Apparence** » il faut cliquer sur « **Thèmes** », cela ouvrira une nouvelle page, « **Gérer les thèmes** ».

Comme il s'agit de vos premiers pas avec WordPress, vous allez pouvoir choisir entre plusieurs thèmes, commencez par explorer les thèmes gratuits. Lorsque vous serez plus à l'aise, il sera toujours temps pour vous de changer de thèmes et d'en choisir un dans ceux qui sont payants, il y en a de magnifiques, et surtout souvenez-vous que même si vous changez de thèmes, vous ne perdrez pas le contenu de votre site. Une fois que vous en aurez sélectionné un, vous pouvez le prévisualiser ou l'activer.

Une fois que vous avez choisi votre thème et que vous l'avez installé, vous devez maintenant le configurer pour qu'il vous ressemble, c'est votre touche personnelle.

Les options de personnalisation de votre thème pourraient être différentes en fonction du thème que vous avez choisi, mais certaines seront communes à tous les thèmes.

- L'image d'en-tête ou le logo
- Les onglets du menu
- La palette de couleur du thème
- La police et la couleur du texte
- Le pied de page

Parmi les choses importantes à retenir

- Lorsque vous choisissez un nouveau thème, à part le fait qu'il doit vous plaire et correspondre à l'identité que vous voulez donner à votre site, il faut essayer de privilégier ceux qui ont les meilleurs commentaires. L'expérience des autres utilisateurs ne peut pas nuire, bien au contraire.

- Il est très important de sauvegarder vos fichiers avant d'installer un nouveau thème, croyez-moi si quelque chose devait mal se passer, au moins nous n'auriez pas tout perdu et vous ne serez pas obligés de tout recommencer depuis le début, il n'y a rien de plus frustrant que d'être obligée de recommencer.
- Autre chose importante, tous les plug-ins ne fonctionnent pas avec tous les thèmes, donc là aussi vous devrez faire des choix.
- Je vous conseille de tester les nouveaux thèmes dans plusieurs browsers internet pour être sûrs que cela va fonctionner dans tous les cas.
- Il faut aussi les tester sur les différentes plateformes, téléphone et tablette. Imaginez votre déception, mais surtout celle de vos lecteurs, si votre site ne fonctionnait que partiellement sur certaines plateformes.

Comme pour les thèmes, vous pouvez gérer les plug-ins de la même façon, les charger à partir de votre ordinateur ou bien les rechercher dans le répertoire des plug-ins WordPress.

Plugins

Pour l'utilisation des plug-ins en utilisant WordPress comme hébergeur de votre site, il vous faudra prendre un abonnement payant.

L'utilisation des plug-ins ou module d'extension peut rendre votre site plus fonctionnel et vous permettre de le configurer pour effectuer exactement ce que vous désirez, mais il faut prendre garde, car l'ajout de plugin peut aussi rendre votre site plus lent.

À partir du menu « **Plugins** », nous devons choisir « **Nouveau** ». À partir de ce moment-là, vous pouvez soit charger un plug-in à partir de votre ordinateur ou faire une recherche dans le répertoire des plug-ins WordPress.

Une fois que nous avez installé un nouveau plug-in, vous devez revenir au menu « **Plugins** », choisir « **Plugins installé** » et ainsi activer votre nouveau plugin.

Il existe environ 47000 plug-ins disponibles pour WordPress il est évident que nous allons juste survoler quelques-uns d'entre eux et bien sûr si vous en avez envie vous pourrez en explorer d'autres.

Vous pourrez alors choisir entre des centaines de plug-ins qui vous aideront à rendre votre site plus convivial et attrayant pour les visiteurs.

Avec les plug-ins, vous pouvez très facilement configurer un blog avec un répertoire d'articles, un site d'adhésion pour une association par exemple ou alors un site de commerce électronique parfaitement fonctionnel et convivial.

En ce qui concerne les choix de thèmes ou plug-ins, vous avez un grand éventail choix disponible, mais il vous faudra rester prudent au moment de les choisir, car malheureusement il existe certains développeurs peu scrupuleux qui malicieusement intègrent dans leur code source certains éléments pouvant vous nuire, spécialement si votre intention est de créer un site de commerce en ligne. Donc prudence et n'utilisez que des sources ayant une bonne réputation. Vous pouvez visiter les nombreux forums qui existent à ce sujet et qui vous renseigneront sur les différents plug-ins disponibles pour WordPress.

Maintenant, nous allons passer en revue quelques plug-ins que vous aurez la possibilité d'installer sur votre site.

ADVANCED ADS

Si vous décidez d'afficher de la publicité sur votre site ou blog, vous aurez besoin d'un gestionnaire d'annonce. ADVANCED ADS est un plugin simple qui va vous aider à faire la gestion des annonces et de l'affichage de la publicité sur votre blog.

Ce plugin va vous permettre en autre de gérer l'insertion, l'emplacement, mais aussi de déterminer quelles sont les publicités les plus rentables.

Certaines options vous permettent de désactiver la publicité sur certaines pages spécifiques ou en fonction du rôle de l'utilisateur, par exemple il est intéressant de ne pas avoir de publicité lorsque l'on est connecté en tant qu'administrateur.

AKISMET

AKISMET est un plugin gratuit, qui vient avec WordPress et il est généralement préinstallé par défaut. C'est l'un des meilleurs et des plus populaires plug-ins antispam de commentaires pour WordPress. Bien qu'il soit préinstallé, il faut penser à l'activer en indiquant une clé API dans les réglages, car par défaut il ne l'est pas.

Ce plugin permet d'empêcher d'avoir des « Spams de commentaires ». Un spam de commentaire est en réalité un commentaire qui n'a absolument rien à voir avec ce que vous avez poste.

Dans le détail, il compare les commentaires et formulaires de contacts que vous recevez à la base donnée mondiale de WordPress, vous évitant ainsi de recevoir n'importe quoi.

Il compare chaque commentaire que vous recevez et les filtres, mais vous serez toujours capable en regardant l'historique de voir quel commentaire a été écarté.

BACKWPUP

Un des aspects primordiaux dans la gestion d'un site ou d'un blog, c'est qu'il faut faire le ménage régulièrement de son site, mais aussi de faire des sauvegardes.

BACKWPUP est un plugin de sauvegarde pour WordPress. Vous pouvez l'utiliser pour sauvegarder la totalité de votre site WordPress dans un seul fichier, que vous pouvez envoyer vers une destination externe.

Un des avantages est de n'avoir qu'un seul fichier à restaurer en cas de besoin, donc simplicité et efficacité.

BEA SANITIZE FILENAME

Ce plugin permet de normaliser tous les noms de fichiers que vous allez uploader. Il supprimera tous les accents, les underscore seront remplacés par des traits d'union et les caractères spéciaux seront supprimés.

Le fait de normaliser les noms de vos fichiers peut s'avérer utile surtout si vous destinez ces fichiers à un download futur par des utilisateurs n'ayant pas n'utilisant pas les accents habituellement.

BJ LAZY LOAD

BJ LAZY LOAD permet d'optimiser les images de votre site ce qui a pour effet immédiat d'augmenter la vitesse de chargement de vos pages, mais aussi de sauver sur la bande passante utilisée.

Il existe d'autres plugin comme celui-ci, ils ont tous la même finalité, celle d'améliorer le temps de chargement de vos pages, qui est devenue un facteur crucial quand a la fréquentation d'un site. En effet plus le chargement des pages sera lent, moins les visiteurs seront enclins de le visiter, surtout si vous avez l'intention de rentabiliser votre site.

BROKEN LINK CHECKER

Littéralement BROKEN LINK CHECKER permet de vérifier les liens brisés ou désuets. Si vous voulez que site reste vivant et attrayant, vous allez continuellement ajouter de nouveaux articles, de nouveau post, en déplacer d'autres et forcément en supprimer souvent. Donc fatalement vous aurez à coup sûr des « liens brisés » d'où d'utilité d'avoir un plugin de ce type.

De plus au niveau des moteurs de référencement, maintenir vos liens à jour est primordial pour l'accessibilité de votre site.

CALDERA FORMS

Cette extension de WordPress, elle est à la fois extrêmement puissante et très complète. Elle possède beaucoup d'options que vous pourrez paramétrer. Elle permet de créer des formulaires de contacts.

Ce plugin va vous permettre d'insérer des formulaires complexes, en toute simplicité. Ces fonctionnalités existent toutes en HTML, mais là vous pourrez les mettre place sans avoir à coder une ligne et surtout pas besoin d'apprendre le langage.

L'outil de construction des formulaires est très convivial, beaucoup de champ peut être paramétré. Le nombre de formulaires que vous pouvez créer est illimité. Vous trouverez sur le net de nombreux tutoraux qui vous aideront à mieux appréhender cet outil.

COMMENTS NOT REPLIED TO

ce petit plugin permet de gérer facilement les commentaires que vous recevrez sur les articles de votre blog. En installant « COMMENTS NOT REPLIED TO », vous verrez dans votre tableau de bord, une nouvelle section apparaitre.

Cette nouvelle section vous permettra de voir tous les commentaires laissés par vos visiteurs et auxquels vous n'avez pas encore répondu, pratique surtout si l'on vous laisse beaucoup de commentaires.

COOKIE NOTICE

Tout le monde a déjà entendu parler des différentes lois sur la gestion des données personnelles concernant les accès aux blogs ou aux sites web et encadrant la navigation sur internet. De plus en plus ces mesures plus contraignantes, ce plugin vous permettent de rester dans la légalité. Il est très facile à paramétrer et à utiliser.

Les cookies sont des petits fichiers, qui sont déposés sur le disque dur de votre ordinateur par les sites que vous visitez. Ils sont capables de vous identifier de passage en passage sur Internet. La loi oblige à informer l'utilisateur et lui demander son consentement avant de déposer un cookie.

C'est exactement ce que fait petit plugin, vous pouvez même modifier la phrase d'information.

DUPLICATE POST

Comme son nom l'indique, ce petit plugin permet de dupliquer/cloner un post, un article, une page de manière très facile. Ce qui fait de ce plugin un outil très intéressant surtout lorsque l'on est en mode création de sites, cela permet d'avoir rapidement plusieurs pages ayant le même look.

GLOBAL TRANSLATOR

Ce plug-in convertit automatiquement votre blog dans environ 63 langues, ce qui permettra d'élargir largement l'audience de votre site, un incontournable.

GOOGLE ANALYTICS by MONSTERINSIGHTS

Ce plugin vous donnera toutes les statistiques vous permettant de comprendre ce qui est attractif pour vos visiteurs et ce qui l'est moins. Ainsi vous serez en mesure de faire les modifications adéquates à votre site en ciblant ce qui intéresse les internautes.

Il vient avec un tableau de bord GOOGLE ANALYTIC pour WordPress. Vous y trouverez un certain nombre de rapports prédéfini. Facile d'utilisation, en quelque clics à partir de votre tableau de bord WordPress, vous pourrez activer les fonctionnalités avancées.

GOOGLE XML SITEMAPEA SANITIZE FILENAME

Ce plug-in améliore le SEO (optimisation du référencement par les moteurs de recherche) en créant automatique un « Sitemap », en fait un plan de site destiné aux moteurs de recherche. Ce plan de site a pour but d'aider les moteurs de recherches (Google, Yahoo, etc.), à effectuer leur travail. Ce plan de site se met automatiquement à jour et est paramétrable.

JETPACK

JETPACK c'est comme un couteau suisse, il comprend environ 37 plug-ins différents. C'est évidemment un plugin extrêmement puissant qui connecte et ajoute de nombreuses fonctionnalités à votre site, on pourrait le qualifier de super plugin,

Si vous êtes débutants, ce plugin est très intéressant pour vous, il va améliorer considérablement le trafic de votre site ou de votre blog.

KIWI SOCIAL SHARE

Ce plug-in est assez léger et sa fonctionnalité principale est d'ajouter des boutons de partage pour vos articles sur les réseaux sociaux. Par rapport à d'autres plug-ins similaires, il rajoute moins de code inutile, ce qui est un point important à prendre en compte dans le but d'optimiser le chargement de ses pages.

MAILPOET

MAILPOET permet à vos visiteurs de s'inscrire à votre newsletter. Vous pouvez créer de magnifiques courriels à partir de zéro ou en utilisant des modèles prédéfinis qui vont s'afficher sans problème sur tous les types d'appareils.

Vous serez en mesure de planifiez vos newsletters, de les envoyez immédiatement ou vous pourrez configurer MAILPOET pour envoyer automatiquement les nouvelles notifications de publication de votre blog en quelques clics.

ONESIGNAL

La clé du succès d'un site ou d'un blog, se mesure aux nombres de visiteurs et, mais aussi aux nombres de personnes abonnés à vos publications. Ce plugin est idéal pour augmenter le nombre de visiteurs sur votre site. Il permettra en autre à vos lecteurs de s'abonner aux nouvelles publications.

Après l'installation, vos visiteurs pourront accepter de recevoir sur leur « bureau », vos notifications push lorsque vous publiez un nouvel article. Les visiteurs abonnés recevront automatiquement ces notifications, même lorsqu'ils auront quitté votre site ou votre blog.

SEO by YOAST

Optimiser son site pour les moteurs de référencement est quelque chose de très important qu'il est nécessaire de prendre en compte. Un site qui n'est pas optimisé pour les moteurs de rechercher aura beaucoup moins de fréquentations que les autres, car ils seront difficiles à trouver.
Pour vous aider, ce plugin est un très bon outil pour optimiser le référencement des sites WordPress. Il est très populaire si l'on en juge le nombre de sites l'utilisant et en plus il est simple à configurer.

TABLEPRESS

Insérer un tableau dans une page ou dans un article de blog n'est généralement pas très compliqué à faire, mais parfois cela peut devenir fastidieux si vous devez en faire beaucoup. TABLEPRESS est un plugin qui permet de créer et de gérer très simplement toute sorte de tableaux sur votre blog. Il ne nécessite aucune connaissance particulière, une interface permet de modifier facilement toutes les données de la table. Vous allez pouvoir créer des tableaux en moins de 5 min et les modifier par la suite tout aussi facilement.

WOOCOMMERCE

WOOCOMMERCE est un plugin qui va vous permettre de vendre tout ce que vous voudrez. Il s'intègre facilement et de façon transparente a votre site WordPress. WOOCOMMERCE est une des solutions de commerce électronique les plus populaires.

WORDFENCE SECURITY

WORDFENCE SECURITY est un plugin qui va vous permettre de sécuriser votre site, il comprend un pare-feu et un scanner de programmes malveillant. Tout le monde le sait, il y a de nombreux pirates qui passent leur temps a essayé d'hacker des sites web et malheureusement beaucoup de sites ne sont pas protéger adéquatement.

WP OPTIMIZE

WP-OPTIMIZE est un outil à la fois puissant et très efficace pour nettoyer automatiquement votre base de données WordPress afin qu'elle fonctionne avec une efficacité maximale. Il supprime toutes les données qui ne sont pas nécessaires pour permettre d'obtenir les meilleures performances possibles de votre site WordPress.

On vient de survoler brièvement quelques plug-ins pour WordPress, comme nous l'avons déjà vu précédemment, il environ 47000 plug-ins. Il serait fastidieux et inutile de détailler tous ces plug-ins, d'autant que bien évidemment, nombreux sont ceux qui offres les mêmes fonctionnalités, certains seront gratuits, d'autres payant.

Au fur et à mesure que vous allez bâtir et faire évoluer votre site ou votre blog, vous aurez la possibilité d'explorer en profondeur d'autres plug-ins. Il se peut fort bien que ceux que vous aurez choisis lorsque vous avez commencé à créer votre site ne soient plus les mêmes au moment ou vous le mettrez en ligne.

Le choix d'un plug-in par rapport à un autre est avant tout une question de préférence personnelle. Pour la même fonctionnalité, certains offrent plus d'options que d'autres. Lorsque vous choisissez un plugin posez-vous la question est-ce que vous avez vraiment besoin de toutes ces options ou seriez-vous bien mieux avec un autre beaucoup plu minimaliste, car n'oubliez pas que plus vous ajoutez de composantes, plus alourdissez votre site et vous pénalisez son chargement.

Mais il faut surtout bien garder à l'esprit que l'on peut désactiver un plug-in tout aussi facilement que lorsqu'on l'installe.

En conclusion, il ne faut jamais hésiter à les tester, car finalement, on finit toujours par trouver son bonheur dans cette multitude de choix, d'autant que nombre d'entre eux continuent d'évoluer.

Maintenant que savez comment créer un site ou un blog avec WordPress, voyons maintenant comment vous pouvez le rentabiliser.

Il existe une règle fondamentale, si vous voulez rentabiliser votre site, vous vous devez de le maintenir à jour votre et l'alimenter avec des nouveautés pour garder l'intérêt de vos visiteurs.

Pour ce faire, il faudra que vous vérifiiez régulièrement votre tableau de bord WordPress pour la mise à jour des différents plug-ins. Ce qui fera en sorte que la version de WordPress que vous utiliserez sera toujours à jour et fonctionnelle.

Wordpress va rendre votre interaction avec vos clients potentiels, vos visiteurs réguliers ou occasionnels très faciles et augmente votre crédibilité grâce à l'aspect professionnel votre site. Ce qui va vous aider à fidéliser un public et par le fait vous permettre éventuellement de générer des revenus.

Il existe un grand nombre de plug-ins et de widgets disponibles, il vous suffit de faire une recherche pour trouver une multitude de gadgets qui permettent de mettre en place des publicités, aider à vendre des produits, faire la promotion de différents programmes d'affiliations et plus encore. Comme vous le savez déjà, il existe des plug-ins spécialement faits pour mettre en place un site de commerce électronique.

Une des façons simples de rentabiliser un site c'est de vendre de l'espace publicitaire. En navigant sur internet, la majorité des sites on des bandeaux de publicités, en tant qu'utilisateur elles nous exaspèrent souvent, mais en tant que « propriétaire » d'un blog ou d'un site c'est une aubaine, il ne faut pas oublier que les annonceurs payent les sites pour avoir cette exposition.

Le plus important lorsque vous voulez monétiser votre site, c'est de vous assurer que le site reçoive beaucoup de visiteurs afin que ce système soit vraiment rentable.

Mais le plus important c'est que votre site soit vivant en quelque sorte, donc il vous faudra le mettre à jour régulièrement en y ajoutant du nouveau contenu, mais aussi n'ayez pas peur non plus de refaire le design régulièrement. Ainsi vos visiteurs, n'auront pas l'impression du déjà vu et seront plus enclin à en explorer le contenu.

Une autre façon de faire de l'argent avec un site Web, c'est en utilisant Google AdSense. Avec ce système, chaque fois qu'un visiteur clique sur l'annonce, vous recevez de l'argent. Vous serez donc payé aux nombres de clics sur l'annonce, d'où l'importance d'avoir beaucoup de trafic sur le site et pour ce faire il faut le rendre attractif. Google AdSence est le meilleur plugin pour les blogs ayant beaucoup de contenu en mode texte.

Une autre façon de faire de l'argent avec votre site WordPress est évidemment de faire de la vente de produits. Vous pouvez bien évidemment vendre vos propres produits ou alors promouvoir d'autres produits. Vous aurez besoin alors d'utiliser des plug-ins spécifiques pour le commerce électronique.

Vous avez l'entière liberté de choix. Vous pourrez alors utiliser des entreprises comme **Amazon** ou **ClickBank**, les deux ont des outils que vous allez pouvoir incorporer à votre site WordPress et chaque fois qu'un client achète un produit via votre site, vous touchez une commission, c'est simple, rapide et facile, pas de stock a géré, ni de client à satisfaire.

Il y a aussi la possibilité d'utiliser des liens d'affiliations. Il en existe de très nombreux et certains qui insèrent automatiquement des liens d'affiliation dans le contenu de votre site.

Vous pouvez aussi vouloir offrir des services payants. Vos visiteurs payeront alors un abonnement en échange d'un service, par exemple un site offrant des formations variées.

En résumé, il est très facile de créer un site ou un blog avec WordPress et de le rentabiliser. Il y a plusieurs manières de le faire comme on vient de le voir. Vous aurez à votre disposition plusieurs plug-ins qui vous aideront à monétiser votre site ou blog, nombre d'en eux dépendent des choix que vous ferez pour monétiser et rentabiliser votre site.

Un petit glossaire

API

API (Appliction Programming Interface). Une API est une interface de programmation qui permet de se « brancher » sur une application pour échanger des données.

BLOG

Il s'agit d'une page personnelle comportant des avis, des chroniques, alimentée de façon régulière par son auteur sous forme de post.

COOKIE

Un cookie est un petit fichier texte au format alphanumérique déposé sur le disque dur de l'internaute par le serveur du site qu'il visite ou par un serveur tiers (régie publicitaire […]

CSS

CSS (Cascading Style Sheets). Le CSS est un langage informatique utilisé sur l'internet pour mettre en forme les fichiers HTML ou XML. Ainsi, les feuilles de style, aussi appelé les fichiers CSS, comprennent du code qui permet de gérer le design d'une page en HTML.

HTML

HTML (Hyper Text Markup Language). Le HTML est le langage de programmation utilisé pour créer des pages web ou des courriels au format HTML. Le code HTML est invisible lorsque l'on visite sur une page web.

PLUGIN

Un plugin ou module d'extension est une petite application logicielle qui vient s'ajouter au navigateur ou a une page web/blog pour accroître ses possibilités multimédias (lecture du son en temps réel, vidéo, 3D, etc.) ou apporter de nouvelles possibilités

SEO

SEO (Search Engine Optimization) peut être défini comme l'art de positionner un site, une page web ou une application dans les premiers résultats naturels des moteurs de recherche internet.

URL

URL (Uniform ressource Locator) est l'adresse unique qui permet d'accéder à une page web à partir de sa saisie dans la barre d'adresses du navigateur.

WIDGET

Un widget est une petite application téléchargeable ou facilement importable sur une page web par un simple copier-coller. Les widgets téléchargeables s'intègrent sur le bureau d'un ordinateur ou dans la barre d'outils ou d'applications d'un navigateur.

XML

XML (Extensible Markup Language) est un métalangage informatique de balisage générique. Sa syntaxe est dite « extensible », car elle permet de définir différents espaces de noms, c'est-à-dire des langages avec chacun leur vocabulaire et leur grammaire.